FOR REFERENCE

Do Not Take From This Room

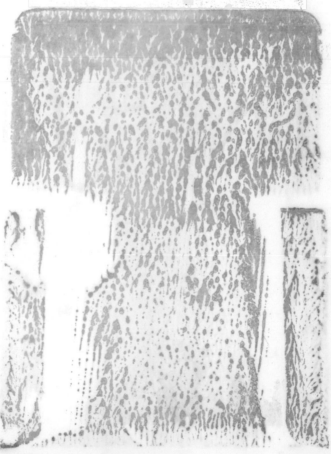

1000 YEARS
A Julian/Gregorian Perpetual Calendar

1000 YEARS
A JULIAN / GREGORIAN
PERPETUAL CALENDAR

A.D. 1100 to A.D. 2099

Ernest J. Fredregill

An Exposition - Banner Book

EXPOSITION PRESS   NEW YORK

EXPOSITION PRESS INC.

50 Jericho Turnpike   Jericho, New York 11753

FIRST EDITION

LIBRARY OF CONGRESS CATALOG CARD NUMBER: 78-114067

0-682-47015-5

CONTENTS

Preface   7

Calendar History   11

How to Use This Calendar   17

Century Code Sheets (Grids)   18

Calendars   25

PREFACE

At the start of every new year, every home owner and business organization is inundated with calendars to the point that this biggest of give-away items is, conversely, the biggest throw away as well, with the result that it is virtually impossible to obtain a calendar that is over a year old. Yet a definite need exists for back-dated calendars; and for long-range planning a future calendar is a must. Without them requires a great deal of mathematical prowess to discover on what day of the week say, July 1st fell in 1959, or on what day of the week it will occur ten, twenty or thirty years from now.

Everyone knows the date of his birth, but how many people are aware of the exact day of the week they were born on? Such information may be regarded as minutiae, seldom if ever used, but for those who take an active, or even a casual interest in science and history, knowing a correct day and date can be of vital importance. For these people—students, teachers, historians, lawyers, planners, librarians, et cetera—this book will be of inestimable value.

In this book there are actually only fourteen different calendars that provide the means for obtaining the Julian and/or the Gregorian day for any year from A.D. 1100 to A.D. 2099. Each year is coded to direct you to the correct calendar for the desired year. Refer to the easy-to-follow instructions on page 17 to learn how to use this manual.

—E. J. F.

1000 YEARS

A Julian/Gregorian Perpetual Calendar

CALENDAR HISTORY

Before we discuss calendars, it is pertinent to examine some celestial mechanics; in particular the earth, and its motion relative to the sun and moon.

What we call a day on earth is one revolution of the earth as it turns on its axis, spinning like a top.

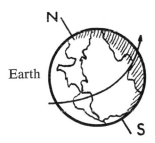

In addition to turning on its own axis, the earth revolves around the sun.

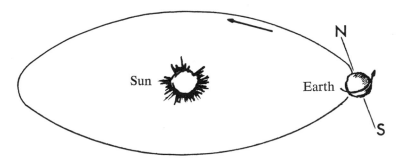

One circuit around the sun is called a year, and during that time the earth revolves on its axis approximately 365 times. Unfortunately for calendar makers, as we shall soon see, it doesn't quite come out even. More exactly, the earth turns 365.2422 times (or slightly under 365¼ turns) on its own axis as it makes one trip around the sun. This factor is important to calendar builders.

We have a companion following us as we make our circuits around the sun. It is our one natural satellite, the moon. The moon revolves around the earth as both go about the sun. It requires approximately twenty-eight days for the moon to make one trip around the earth. The moon also turns on its axis but this too takes approximately twenty-eight days, always keeping the same side facing the earth.

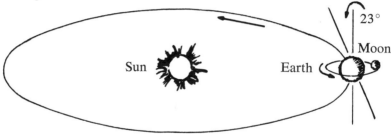

Earth Orbit - 365.2422 days

The four seasons occur because of the tilt of the earth's axis which is 23° from perpendicular to the plane of the earth's orbit around the sun. Therefore, as the earth goes around the sun, the sun's rays strike the earth at varying angles creating the conditions we call seasons.

Man, from his earliest beginnings, has utilized one or more of the foregoing phenomena as a method of keeping track of events. Primitive calendars were usually based on the phases of the moon, but since the moon is not synchronized with the earth's revolutions, it cannot be relied upon as a timing device for terrestrial events.

Many methods were used by early civilizations to record time, and our present-day calendar is based on several of these ancient methods. The number of days per week and weeks per year; the names of the days and of the months and the reckoning of certain holidays all originated long before the birth of Christ, although not from the same source.

The Babylonians devised a calendar scheme based on both the sun and the moon. After centuries of observations they discovered that the phase of the moon on a given day of the year was almost exactly the same every nineteen years, varying by only a little over two hours. From this they devised a solunar calendar that repeated every nineteen years. It had twelve 12-month years and seven 13-month years. This calendar scheme, with modifications, was adopted by the Chinese and is still in use today. It is also considered by some to be the basis for the current Hebrew calendar.

For more than 3000 years the Egyptians used a calendar that consisted of twelve 30-day months plus five extra days for a total of 365 days per year. Since the earth takes almost 365¼ days to orbit the sun, their calendar was fast in that it showed a year was complete in only 365 days. They were aware of this but made no corrections to keep the seasons in synchronism with their months.

The early Romans used a 10-month lunar calendar where the number of days varied from one year to the next. Priests, and later politicians, would add extra days from time to time to suit their own purposes. This generally was confusing to the populace.

In 46 B.C., Julius Caesar, using knowledge gained from Sosigenes, a Greek astronomer and mathematician, replaced the 10-month lunar calendar with a 12-month calendar similar to that of the Egyptians. The months were named *Januarius* (January), *Februarius* (February), *Martius* (March), *Aprilis* (April), *Maius* (May), *Junius* (June), *Quintilis* (July), *Sextilis,* (August), September, October, November, and December; the last ten being the names of the months of the old lunar calendar. Later, Quintilis was renamed Julius (July) in honor of Julius Caesar. Still later, Sextilis was changed to Augustus (August) in honor of that emperor. January, March, May, July, August, October, and December each had thirty-one days; April, June, September, and November each had thirty days. February had twenty-eight days except every fourth year when an extra day was added. January 1st marked the beginning of the year. Thus Julius Caesar established a calendar that averaged 365¼ days per year. This is known as the Julian calendar, and with one modification which came some 1500 years later by Pope Gregory, it is the calendar still in use today.

By establishing a calendar that contained exactly 365¼ days (three of 365 and one of 366), Caesar built in an error of eleven minutes and fourteen seconds per year. As pointed out earlier, the earth takes 365.2422 days to orbit the sun. This is eleven minutes and fourteen seconds less than 365¼ days, therefore the Julian calendar is "slow," i.e., it takes the calendar eleven minutes and fourteen seconds longer to complete a year than it does for the earth to go completely around the sun. This may not sound like very much but it adds up to a full day every one hundred and twenty-eight years. It is certain that Sosigenes was aware of this but it is not known why he did not make allowance for it.

As an analogy, imagine trying to control our daily routine with a watch that loses one minute every day. After five days it would be five minutes behind the rest of the world. If you continued to use the watch to regulate your daily activities without resetting it, you would gradually fall further and further behind.

The error in the Julian calendar has the same effect on the seasons. They appear to come eleven minutes and fourteen seconds earlier each year.

By A.D. 1582, the accumulated error amounted to more than ten days. Pope Gregory XIII corrected the accumulated error by declaring that October 15, 1582, would follow October 4th, thus neatly eliminating ten days. To keep the error from accumulating again he further declared that the first year of each century would not be a leap year, except for those beginning century years that could be divided by 400. Thus, 1600 was a leap year; 1700, 1800 and 1900 were not. (All are leap years in the Julian calendar.) An error still exists in the Gregorian calendar, but it takes more than 3000 years to amount to a day.

The Roman Catholic countries were quick to change from the Julian to the Gregorian calendar, but it took the British Empire nearly two centuries to accept it (1752). By then another day had been accumulated so eleven days had to be eliminated in order to make the change. This was accomplished by having September 14 follow September 2, 1752. The Russians did not make the change-over until as recently as 1918. Since then the Gregorian calendar has been the standard of the Christian world.

The century code sheets on pages 18 to 24 have two code letters for each year beginning with 1582 (when the Gregorian calendar came into existence) until 1752 (when the British Empire adopted it). The upper code letter is for the Julian calendar, the lower code letter is for the Gregorian calendar. Some books and references refer to the Julian calendar as the old style (O.S.) and the Gregorian calendar as the new style (N.S.).

The designations A.D. (Anno Domini—in the year of our Lord) and B.C. (Before Christ) were originated in the sixth-century by a Christian monk. He numbered the years forward from the year he believed Christ was born and labeled these years A.D. The B.C. years are numbered backward from the same starting point, like this:

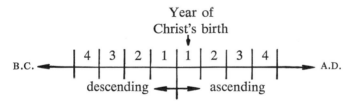

This method of counting the years gradually became accepted as the standard and by the fifteenth century was in general use. As a note of interest, the monk erred in calculating the year of Christ's birth. He was actually born four to six years earlier than the monk reckoned, which places Christ's birth in the year we call 5 B.C. (plus or minus a year).

January the 1st has not always been accepted as the first day of the year. This day has varied from as early as Christmas day to as late as March the 25th, depending on the country and the era. The legal calendar in Great Britain, for example, was considered to start on March 25th from the twelfth century until the Gregorian calendar was adopted in 1752. This meant, that during that period, January, February and March (up to the 25th) came at the end of the year rather than at the beginning. To minimize the confusion many books and documents signify both years for the months of January, February and March, with the last number signifying the historical year. For example, the date of an event occurring in England during that period could be shown in a history book as March 1, 1741-2, where the 2 represents the historical year 1742 (which would be the year to use in this book).

HOW TO USE THIS CALENDAR

On the following pages are ten grids, one for each century from the twelfth through the twenty-first. Each grid is identified by century and also by the first two digits of the year. The top row of each grid identifies the decade columns of the grid; the left most column identifies the year within the decade.

To find the calendar for any year from A.D. 1100 to A.D. 2099, follow these three steps:

1. Turn to the correct century grid for the desired year (pages 18 to 24).

2. Find the code letter (A-N) in the grid for the desired year. The code letter is at the intersection of the decade column and the year row.*

3. Open the book to the calendar of the same code letter (pages 25 to 38) and there you have it.

For example, to find the calendar for the year 1492, go to the fifteenth-century grid (14XX). At the intersection of the decade 90 and the year row 2 is the code letter 'B.' (The asterisk above the 'B' further identifies this as a leap year.) This means that calendar 'B' on page 26 is the calendar for 1492.

---

* Don't be confused if you find two letters at the intersection. From 1582 to 1752 the world was in the throes of changing from the Julian calendar to the Gregorian calendar, and both were in common use in different places during this period. The upper letter at the intersection represents the Julian calendar, the lower letter the Gregorian.

Twelfth Century (11XX)

11	00	10	20	30	40	50	60	70	80	90
0	*B	M	*J	G	*D	A	*L	I	*F	C
1	E	A	M	I	G	C	A	K	I	E
2	G	*D	A	*L	I	*F	C	*N	K	*H
3	I	G	C	A	K	I	E	C	M	K
4	*L	I	*F	C	*N	K	*H	E	*B	M
5	A	K	I	E	C	M	K	G	E	A
6	C	*N	K	*H	E	*B	M	*J	G	*D
7	E	C	M	K	G	E	A	M	I	G
8	*H	E	*B	M	*J	G	*D	A	*L	I
9	K	G	E	A	M	I	G	C	A	K

* Leap Year

Thirteenth Century (12XX)

12	00	10	20	30	40	50	60	70	80	90
0	*N	K	*H	E	*B	M	*J	G	*D	A
1	C	M	K	G	E	A	M	I	G	C
2	E	*B	M	*J	G	*D	A	*L	I	*F
3	G	E	A	M	I	G	C	A	K	I
4	*J	G	*D	A	*L	I	*F	C	*N	K
5	M	I	G	C	A	K	I	E	C	M
6	A	*L	I	*F	C	*N	K	*H	E	*B
7	C	A	K	I	E	C	M	K	G	E
8	*F	C	*N	K	*H	E	*B	M	*J	G
9	I	E	C	M	K	G	E	A	M	I

* Leap Year

Fourteenth Century (13XX)

* Leap Year

13	00	10	20	30	40	50	60	70	80	90
0	*L	I	*F	C	*N	K	*H	E	*B	M
1	A	K	I	E	C	M	K	G	E	A
2	C	*N	K	*H	E	*B	M	*J	G	*D
3	E	C	M	K	G	E	A	M	I	G
4	*H	E	*B	M	*J	G	*D	A	*L	I
5	K	G	E	A	M	I	G	C	A	K
6	M	*J	G	*D	A	*L	I	*F	C	*N
7	A	M	I	G	C	A	K	I	E	C
8	*D	A	*L	I	*F	C	*N	K	*H	E
9	G	C	A	K	I	E	C	M	K	G

Fifteenth Century (14XX)

* Leap Year

14	00	10	20	30	40	50	60	70	80	90
0	*J	G	*D	A	*L	I	*F	C	*N	K
1	M	I	G	C	A	K	I	E	C	M
2	A	*L	I	*F	C	*N	K	*H	E	*B
3	C	A	K	I	E	C	M	K	G	E
4	*F	C	*N	K	*H	E	*B	M	*J	G
5	I	E	C	M	K	G	E	A	M	I
6	K	*H	E	*B	M	*J	G	*D	A	*L
7	M	K	G	E	A	M	I	G	C	A
8	*B	M	*J	G	*D	A	*L	I	*F	C
9	E	A	M	I	G	C	A	K	I	E

Sixteenth
Century
(15XX)

15	00	10	20	30	40	50	60	70	80	90
0	* H	E	* B	M	* J	G	* D	A	* L	I C
1	K	G	E	A	M	I	G	C	A	K E
2	M	* J	G	* D	A	* L	I	* F	CΔ K	N H*
3	A	M	I	G	C	A	K	I	E M	C K
4	* D	A	* L	I	* F	C	* N	K	H B*	E M
5	G	C	A	K	I	E	C	M	K E	G A
6	I	* F	C	* N	K	* H	E	* B	M G	J D*
7	K	I	E	C	M	K	G	E	A I	M G
8	* N	K	* H	E	* B	M	* J	G	D L*	A I
9	C	M	K	G	E	A	M	I	G A	C K

* Leap Year

Δ The Gregorian calendar originated in October, 1582. To compensate
for an accumulative error in the Julian calendar, Pope Gregory XIII dropped
10 days from the Julian calendar by designating October 15 to follow
October 4, 1582. To prevent further error build–up, he also stated that be-
ginning century years (such as 1600, 1700, etc.) would not be leap years
unless divisible by 400. The Julian calendar was still widely used for many
years after 1582, hence both are coded here from 1582 until 1752 when
the British Empire adopted the Gregorian calendar. For years with two
code letters, the upper refers to the Julian calendar, the lower letter refers
to the Gregorian calendar. For more information, refer to the calendar
history on page 11.

Seventeenth
Century
(16XX)

16	00	10	20	30	40	50	60	70	80	90
0	F* N*	C K	N* H	K E	H B*	E M	B* J	M G	J* D	G A
1	I C	E M	C K	M G	K E	G A	E M	A I	M G	I C
2	K E	H* B	E M	B* J	M G	J* D	G A	D* L	A I	L* F
3	M G	K E	G A	E M	A I	M G	I C	G A	C K	A I
4	B* J	M G	J* D	G A	D* L	A I	L* F	I C	F* N	C K
5	E M	A I	M G	I C	G A	C K	A I	K E	I C	E M
6	G A	D* L	A I	L* F	I C	F* N	C K	N* H	K E	H* B
7	I C	G A	C K	A I	K E	I C	E M	C K	M G	K E
8	L* F	I C	F* N	C K	N* H	K E	H* B	E M	B* J	M G
9	A I	K E	I C	E M	C K	M G	K E	G A	E M	A I

* Leap Year

(Upper letter denotes Julian Calendar, lower letter refers to Gregorian.)

Eighteenth Century (17XX)

17	00	10	20	30	40	50	60	70	80	90
0	D* K△	A G	L D*	I A	F L*	C I	*F	C	*N	K
1	G M	C I	A G	K C	I A	E K	I	E	C	M
2	I A	F* L	C I	N* F	K C	H N	K	*H	E	*B
3	K C	I A	E K	C I	M E	C	M	K	G	E
4	N F*	K C	H N*	E K	B H*	E	*B	M	*J	G
5	C I	M E	K C	G M	E K	G	E	A	M	I
6	E K	B H*	M E	J B*	G M	*J	G	*D	A	*L
7	G M	E K	A G	M E	I A	M	I	G	C	A
8	J B*	G M	D J*	A G	L D*	A	*L	I	*F	C
9	M E	I A	G M	C I	A G	C	A	K	I	E

* Leap Year

△ (1700 K) Not a Leap Year.

(See note on page 20.)

Nineteenth
Century
(18XX)

* Leap Year

18	00	10	20	30	40	50	60	70	80	90
0	G	C	*N	K	*H	E	*B	M	*J	G
1	I	E	C	M	K	G	E	A	M	I
2	K.	*H	E	*B	M	*J	G	*D	A	*L
3	M	K	G	E	A	M	I	G	C	A
4	*B	*M	J	G	*D	A	*L	I	*F	C
5	E	A	M	I	G	C	A	K	I	E
6	G	*D	A	*L	I	*F	C	*N	K	*H
7	I	G	C	A	K	I	E	C	M	K
8	*L	I	*F	C	*N	K	*H	E	*B	M
9	A	K	I	E	C	M	K	G	E	A

Twentieth Century (19XX)

19	00	10	20	30	40	50	60	70	80	90
0	C	M	*J	G	*D	A	*L	I	*F	C
1	E	A	M	I	G	C	A	K	I	E
2	G	*D	A	*L	I	*F	C	*N	K	*H
3	I	G	C	A	K	I	E	C	M	K
4	*L	I	*F	C	*N	K	*H	E	*B	M
5	A	K	I	E	C	M	K	G	E	A
6	C	*N	K	*H	E	*B	M	*J	G	*D
7	E	C	M	K	G	E	A	M	I	G
8	*H	E	*B	M	*J	G	*D	A	*L	I
9	K	G	E	A	M	I	G	C	A	K

* Leap Year

Twenty-First Century (20XX)

20	00	10	20	30	40	50	60	70	80	90
0	*N	K	*H	E	*B	M	*J	G	*D	A
1	C	M	K	G	E	A	M	I	G	C
2	E	*B	M	*J	G	*D	A	*L	I	*F
3	G	E	A	M	I	G	C	A	K	I
4	*J	G	*D	A	*L	I	*F	C	*N	K
5	M	I	G	C	A	K	I	E	C	M
6	A	*L	I	*F	C	*N	K	*H	E	*B
7	C	A	K	I	E	C	M	K	G	E
8	*F	C	*N	K	*H	E	*B	M	*J	G
9	I	E	C	M	K	G	E	A	M	I

* Leap Year

A

JANUARY

S	M	T	W	T	F	S
1	2	3	4	5	6	7
8	9	10	11	12	13	14
15	16	17	18	19	20	21
22	23	24	25	26	27	28
29	30	31				

FEBRUARY

S	M	T	W	T	F	S
			1	2	3	4
5	6	7	8	9	10	11
12	13	14	15	16	17	18
19	20	21	22	23	24	25
26	27	28				

MARCH

S	M	T	W	T	F	S
			1	2	3	4
5	6	7	8	9	10	11
12	13	14	15	16	17	18
19	20	21	22	23	24	25
26	27	28	29	30	31	

APRIL

S	M	T	W	T	F	S
						1
2	3	4	5	6	7	8
9	10	11	12	13	14	15
16	17	18	19	20	21	22
23	24	25	26	27	28	29
30						

MAY

S	M	T	W	T	F	S
	1	2	3	4	5	6
7	8	9	10	11	12	13
14	15	16	17	18	19	20
21	22	23	24	25	26	27
28	29	30	31			

JUNE

S	M	T	W	T	F	S
				1	2	3
4	5	6	7	8	9	10
11	12	13	14	15	16	17
18	19	20	21	22	23	24
25	26	27	28	29	30	

A **A**

JULY

S	M	T	W	T	F	S
						1
2	3	4	5	6	7	8
9	10	11	12	13	14	15
16	17	18	19	20	21	22
23	24	25	26	27	28	29
30	31					

AUGUST

S	M	T	W	T	F	S
		1	2	3	4	5
6	7	8	9	10	11	12
13	14	15	16	17	18	19
20	21	22	23	24	25	26
27	28	29	30	31		

SEPTEMBER

S	M	T	W	T	F	S
					1	2
3	4	5	6	7	8	9
10	11	12	13	14	15	16
17	18	19	20	21	22	23
24	25	26	27	28	29	30

OCTOBER

S	M	T	W	T	F	S
1	2	3	4	5	6	7
8	9	10	11	12	13	14
15	16	17	18	19	20	21
22	23	24	25	26	27	28
29	30	31				

NOVEMBER

S	M	T	W	T	F	S
			1	2	3	4
5	6	7	8	9	10	11
12	13	14	15	16	17	18
19	20	21	22	23	24	25
26	27	28	29	30		

DECEMBER

S	M	T	W	T	F	S
					1	2
3	4	5	6	7	8	9
10	11	12	13	14	15	16
17	18	19	20	21	22	23
24	25	26	27	28	29	30
31						

A

B

JANUARY

S	M	T	W	T	F	S
1	2	3	4	5	6	7
8	9	10	11	12	13	14
15	16	17	18	19	20	21
22	23	24	25	26	27	28
29	30	31				

FEBRUARY

S	M	T	W	T	F	S
				1	2	3	4
5	6	7	8	9	10	11
12	13	14	15	16	17	18
19	20	21	22	23	24	25
26	27	28	29			

MARCH

S	M	T	W	T	F	S
					1	2	3
4	5	6	7	8	9	10
11	12	13	14	15	16	17
18	19	20	21	22	23	24
25	26	27	28	29	30	31

APRIL

S	M	T	W	T	F	S
1	2	3	4	5	6	7
8	9	10	11	12	13	14
15	16	17	18	19	20	21
22	23	24	25	26	27	28
29	30					

MAY

S	M	T	W	T	F	S
	1	2	3	4	5	
6	7	8	9	10	11	12
13	14	15	16	17	18	19
20	21	22	23	24	25	26
27	28	29	30	31		

JUNE

S	M	T	W	T	F	S
					1	2
3	4	5	6	7	8	9
10	11	12	13	14	15	16
17	18	19	20	21	22	23
24	25	26	27	28	29	30

B ... **B**

JULY

S	M	T	W	T	F	S
1	2	3	4	5	6	7
8	9	10	11	12	13	14
15	16	17	18	19	20	21
22	23	24	25	26	27	28
29	30	31				

AUGUST

S	M	T	W	T	F	S
				1	2	3	4
5	6	7	8	9	10	11
12	13	14	15	16	17	18
19	20	21	22	23	24	25
26	27	28	29	30	31	

SEPTEMBER

S	M	T	W	T	F	S
						1
2	3	4	5	6	7	8
9	10	11	12	13	14	15
16	17	18	19	20	21	22
23	24	25	26	27	28	29
30						

OCTOBER

S	M	T	W	T	F	S
	1	2	3	4	5	6
7	8	9	10	11	12	13
14	15	16	17	18	19	20
21	22	23	24	25	26	27
28	29	30	31			

NOVEMBER

S	M	T	W	T	F	S
					1	2	3
4	5	6	7	8	9	10
11	12	13	14	15	16	17
18	19	20	21	22	23	24
25	26	27	28	29	30	

DECEMBER

S	M	T	W	T	F	S
						1
2	3	4	5	6	7	8
9	10	11	12	13	14	15
16	17	18	19	20	21	22
23	24	25	26	27	28	29
30	31					

B

C

JANUARY	FEBRUARY	MARCH
S M T W T F S	S M T W T F S	S M T W T F S
1 2 3 4 5 6	1 2 3	1 2 3
7 8 9 10 11 12 13	4 5 6 7 8 9 10	4 5 6 7 8 9 10
14 15 16 17 18 19 20	11 12 13 14 15 16 17	11 12 13 14 15 16 17
21 22 23 24 25 26 27	18 19 20 21 22 23 24	18 19 20 21 22 23 24
28 29 30 31	25 26 27 28	25 26 27 28 29 30 31

APRIL	MAY	JUNE
S M T W T F S	S M T W T F S	S M T W T F S
1 2 3 4 5 6 7	1 2 3 4 5	1 2
8 9 10 11 12 13 14	6 7 8 9 10 11 12	3 4 5 6 7 8 9
15 16 17 18 19 20 21	13 14 15 16 17 18 19	10 11 12 13 14 15 16
22 23 24 25 26 27 28	20 21 22 23 24 25 26	17 18 19 20 21 22 23
29 30	27 28 29 30 31	24 25 26 27 28 29 30

C   **C**

JULY	AUGUST	SEPTEMBER
S M T W T F S	S M T W T F S	S M T W T F S
1 2 3 4 5 6 7	1 2 3 4	1
8 9 10 11 12 13 14	5 6 7 8 9 10 11	2 3 4 5 6 7 8
15 16 17 18 19 20 21	12 13 14 15 16 17 18	9 10 11 12 13 14 15
22 23 24 25 26 27 28	19 20 21 22 23 24 25	16 17 18 19 20 21 22
29 30 31	26 27 28 29 30 31	23 24 25 26 27 28 29
		30

OCTOBER	NOVEMBER	DECEMBER
S M T W T F S	S M T W T F S	S M T W T F S
1 2 3 4 5 6	1 2 3	1
7 8 9 10 11 12 13	4 5 6 7 8 9 10	2 3 4 5 6 7 8
14 15 16 17 18 19 20	11 12 13 14 15 16 17	9 10 11 12 13 14 15
21 22 23 24 25 26 27	18 19 20 21 22 23 24	16 17 18 19 20 21 22
28 29 30 31	25 26 27 28 29 30	23 24 25 26 27 28 29
		30 31

C

D

JANUARY	FEBRUARY	MARCH
S M T W T F S	S M T W T F S	S M T W T F S
1 2 3 4 5 6	1 2 3	1 2
7 8 9 10 11 12 13	4 5 6 7 8 9 10	3 4 5 6 7 8 9
14 15 16 17 18 19 20	11 12 13 14 15 16 17	10 11 12 13 14 15 16
21 22 23 24 25 26 27	18 19 20 21 22 23 24	17 18 19 20 21 22 23
28 29 30 31	25 26 27 28 29	24 25 26 27 28 29 30
		31

APRIL	MAY	JUNE
S M T W T F S	S M T W T F S	S M T W T F S
1 2 3 4 5 6	1 2 3 4	1
7 8 9 10 11 12 13	5 6 7 8 9 10 11	2 3 4 5 6 7 8
14 15 16 17 18 19 20	12 13 14 15 16 17 18	9 10 11 12 13 14 15
21 22 23 24 25 26 27	19 20 21 22 23 24 25	16 17 18 19 20 21 22
28 29 30	26 27 28 29 30 31	23 24 25 26 27 28 29
		30

D   **D**

JULY	AUGUST	SEPTEMBER
S M T W T F S	S M T W T F S	S M T W T F S
1 2 3 4 5 6	1 2 3	1 2 3 4 5 6 7
7 8 9 10 11 12 13	4 5 6 7 8 9 10	8 9 10 11 12 13 14
14 15 16 17 18 19 20	11 12 13 14 15 16 17	15 16 17 18 19 20 21
21 22 23 24 25 26 27	18 19 20 21 22 23 24	22 23 24 25 26 27 28
28 29 30 31	25 26 27 28 29 30 31	29 30

OCTOBER	NOVEMBER	DECEMBER
S M T W T F S	S M T W T F S	S M T W T F S
1 2 3 4 5	1 2	1 2 3 4 5 6 7
6 7 8 9 10 11 12	3 4 5 6 7 8 9	8 9 10 11 12 13 14
13 14 15 16 17 18 19	10 11 12 13 14 15 16	15 16 17 18 19 20 21
20 21 22 23 24 25 26	17 18 19 20 21 22 23	22 23 24 25 26 27 28
27 28 29 30 31	24 25 26 27 28 29 30	29 30 31

D

E

JANUARY	FEBRUARY	MARCH
S M T W T F S	S M T W T F S	S M T W T F S
1 2 3 4 5	1 2	1 2
6 7 8 9 10 11 12	3 4 5 6 7 8 9	3 4 5 6 7 8 9
13 14 15 16 17 18 19	10 11 12 13 14 15 16	10 11 12 13 14 15 16
20 21 22 23 24 25 26	17 18 19 20 21 22 23	17 18 19 20 21 22 23
27 28 29 30 31	24 25 26 27 28	24 25 26 27 28 29 30
		31

APRIL	MAY	JUNE
S M T W T F S	S M T W T F S	S M T W T F S
1 2 3 4 5 6	1 2 3 4	1
7 8 9 10 11 12 13	5 6 7 8 9 10 11	2 3 4 5 6 7 8
14 15 16 17 18 19 20	12 13 14 15 16 17 18	9 10 11 12 13 14 15
21 22 23 24 25 26 27	19 20 21 22 23 24 25	16 17 18 19 20 21 22
28 29 30	26 27 28 29 30 31	23 24 25 26 27 28 29
		30

E (left) **E** (right)

JULY	AUGUST	SEPTEMBER
S M T W T F S	S M T W T F S	S M T W T F S
1 2 3 4 5 6	1 2 3	1 2 3 4 5 6 7
7 8 9 10 11 12 13	4 5 6 7 8 9 10	8 9 10 11 12 13 14
14 15 16 17 18 19 20	11 12 13 14 15 16 17	15 16 17 18 19 20 21
21 22 23 24 25 26 27	18 19 20 21 22 23 24	22 23 24 25 26 27 28
28 29 30 31	25 26 27 28 29 30 31	29 30

OCTOBER	NOVEMBER	DECEMBER
S M T W T F S	S M T W T F S	S M T W T F S
1 2 3 4 5	1 2	1 2 3 4 5 6 7
6 7 8 9 10 11 12	3 4 5 6 7 8 9	8 9 10 11 12 13 14
13 14 15 16 17 18 19	10 11 12 13 14 15 16	15 16 17 18 19 20 21
20 21 22 23 24 25 26	17 18 19 20 21 22 23	22 23 24 25 26 27 28
27 28 29 30 31	24 25 26 27 28 29 30	29 30 31

E

F

JANUARY						
S	M	T	W	T	F	S
		1	2	3	4	5
6	7	8	9	10	11	12
13	14	15	16	17	18	19
20	21	22	23	24	25	26
27	28	29	30	31		

FEBRUARY						
S	M	T	W	T	F	S
					1	2
3	4	5	6	7	8	9
10	11	12	13	14	15	16
17	18	19	20	21	22	23
24	25	26	27	28	29	

MARCH						
S	M	T	W	T	F	S
						1
2	3	4	5	6	7	8
9	10	11	12	13	14	15
16	17	18	19	20	21	22
23	24	25	26	27	28	29
30	31					

APRIL						
S	M	T	W	T	F	S
		1	2	3	4	5
6	7	8	9	10	11	12
13	14	15	16	17	18	19
20	21	22	23	24	25	26
27	28	29	30			

MAY						
S	M	T	W	T	F	S
				1	2	3
4	5	6	7	8	9	10
11	12	13	14	15	16	17
18	19	20	21	22	23	24
25	26	27	28	29	30	31

JUNE						
S	M	T	W	T	F	S
1	2	3	4	5	6	7
8	9	10	11	12	13	14
15	16	17	18	19	20	21
22	23	24	25	26	27	28
29	30					

F (left) **F** (right)

JULY						
S	M	T	W	T	F	S
		1	2	3	4	5
6	7	8	9	10	11	12
13	14	15	16	17	18	19
20	21	22	23	24	25	26
27	28	29	30	31		

AUGUST						
S	M	T	W	T	F	S
					1	2
3	4	5	6	7	8	9
10	11	12	13	14	15	16
17	18	19	20	21	22	23
24	25	26	27	28	29	30
31						

SEPTEMBER						
S	M	T	W	T	F	S
	1	2	3	4	5	6
7	8	9	10	11	12	13
14	15	16	17	18	19	20
21	22	23	24	25	26	27
28	29	30				

OCTOBER						
S	M	T	W	T	F	S
		1	2	3	4	
5	6	7	8	9	10	11
12	13	14	15	16	17	18
19	20	21	22	23	24	25
26	27	28	29	30	31	

NOVEMBER						
S	M	T	W	T	F	S
						1
2	3	4	5	6	7	8
9	10	11	12	13	14	15
16	17	18	19	20	21	22
23	24	25	26	27	28	29
30						

DECEMBER						
S	M	T	W	T	F	S
	1	2	3	4	5	6
7	8	9	10	11	12	13
14	15	16	17	18	19	20
21	22	23	24	25	26	27
28	29	30	31			

F

G

JANUARY

S	M	T	W	T	F	S
			1	2	3	4
5	6	7	8	9	10	11
12	13	14	15	16	17	18
19	20	21	22	23	24	25
26	27	28	29	30	31	

FEBRUARY

S	M	T	W	T	F	S
						1
2	3	4	5	6	7	8
9	10	11	12	13	14	15
16	17	18	19	20	21	22
23	24	25	26	27	28	

MARCH

S	M	T	W	T	F	S
						1
2	3	4	5	6	7	8
9	10	11	12	13	14	15
16	17	18	19	20	21	22
23	24	25	26	27	28	29
30	31					

APRIL

S	M	T	W	T	F	S
		1	2	3	4	5
6	7	8	9	10	11	12
13	14	15	16	17	18	19
20	21	22	23	24	25	26
27	28	29	30			

MAY

S	M	T	W	T	F	S
				1	2	3
4	5	6	7	8	9	10
11	12	13	14	15	16	17
18	19	20	21	22	23	24
25	26	27	28	29	30	31

JUNE

S	M	T	W	T	F	S
1	2	3	4	5	6	7
8	9	10	11	12	13	14
15	16	17	18	19	20	21
22	23	24	25	26	27	28
29	30					

G **G**

JULY

S	M	T	W	T	F	S
		1	2	3	4	5
6	7	8	9	10	11	12
13	14	15	16	17	18	19
20	21	22	23	24	25	26
27	28	29	30	31		

AUGUST

S	M	T	W	T	F	S
					1	2
3	4	5	6	7	8	9
10	11	12	13	14	15	16
17	18	19	20	21	22	23
24	25	26	27	28	29	30
31						

SEPTEMBER

S	M	T	W	T	F	S
	1	2	3	4	5	6
7	8	9	10	11	12	13
14	15	16	17	18	19	20
21	22	23	24	25	26	27
28	29	30				

OCTOBER

S	M	T	W	T	F	S
			1	2	3	4
5	6	7	8	9	10	11
12	13	14	15	16	17	18
19	20	21	22	23	24	25
26	27	28	29	30	31	

NOVEMBER

S	M	T	W	T	F	S
						1
2	3	4	5	6	7	8
9	10	11	12	13	14	15
16	17	18	19	20	21	22
23	24	25	26	27	28	29
30						

DECEMBER

S	M	T	W	T	F	S
	1	2	3	4	5	6
7	8	9	10	11	12	13
14	15	16	17	18	19	20
21	22	23	24	25	26	27
28	29	30	31			

G

H

JANUARY

S	M	T	W	T	F	S
		1	2	3	4	
5	6	7	8	9	10	11
12	13	14	15	16	17	18
19	20	21	22	23	24	25
26	27	28	29	30	31	

FEBRUARY

S	M	T	W	T	F	S
						1
2	3	4	5	6	7	8
9	10	11	12	13	14	15
16	17	18	19	20	21	22
23	24	25	26	27	28	29

MARCH

S	M	T	W	T	F	S
1	2	3	4	5	6	7
8	9	10	11	12	13	14
15	16	17	18	19	20	21
22	23	24	25	26	27	28
29	30	31				

APRIL

S	M	T	W	T	F	S
		1	2	3	4	
5	6	7	8	9	10	11
12	13	14	15	16	17	18
19	20	21	22	23	24	25
26	27	28	29	30		

MAY

S	M	T	W	T	F	S
					1	2
3	4	5	6	7	8	9
10	11	12	13	14	15	16
17	18	19	20	21	22	23
24	25	26	27	28	29	30
31						

JUNE

S	M	T	W	T	F	S
1	2	3	4	5	6	
7	8	9	10	11	12	13
14	15	16	17	18	19	20
21	22	23	24	25	26	27
28	29	30				

H   H

JULY

S	M	T	W	T	F	S
		1	2	3	4	
5	6	7	8	9	10	11
12	13	14	15	16	17	18
19	20	21	22	23	24	25
26	27	28	29	30	31	

AUGUST

S	M	T	W	T	F	S
						1
2	3	4	5	6	7	8
9	10	11	12	13	14	15
16	17	18	19	20	21	22
23	24	25	26	27	28	29
30	31					

SEPTEMBER

S	M	T	W	T	F	S
	1	2	3	4	5	
6	7	8	9	10	11	12
13	14	15	16	17	18	19
20	21	22	23	24	25	26
27	28	29	30			

OCTOBER

S	M	T	W	T	F	S
				1	2	3
4	5	6	7	8	9	10
11	12	13	14	15	16	17
18	19	20	21	22	23	24
25	26	27	28	29	30	31

NOVEMBER

S	M	T	W	T	F	S
1	2	3	4	5	6	7
8	9	10	11	12	13	14
15	16	17	18	19	20	21
22	23	24	25	26	27	28
29	30					

DECEMBER

S	M	T	W	T	F	S
		1	2	3	4	5
6	7	8	9	10	11	12
13	14	15	16	17	18	19
20	21	22	23	24	25	26
27	28	29	30	31		

H

I

JANUARY

S	M	T	W	T	F	S
					1	2	3
4	5	6	7	8	9	10
11	12	13	14	15	16	17
18	19	20	21	22	23	24
25	26	27	28	29	30	31

FEBRUARY

S	M	T	W	T	F	S
1	2	3	4	5	6	7
8	9	10	11	12	13	14
15	16	17	18	19	20	21
22	23	24	25	26	27	28

MARCH

S	M	T	W	T	F	S
1	2	3	4	5	6	7
8	9	10	11	12	13	14
15	16	17	18	19	20	21
22	23	24	25	26	27	28
29	30	31

APRIL

S	M	T	W	T	F	S
		1	2	3	4
5	6	7	8	9	10	11
12	13	14	15	16	17	18
19	20	21	22	23	24	25
26	27	28	29	30

MAY

S	M	T	W	T	F	S
					1	2
3	4	5	6	7	8	9
10	11	12	13	14	15	16
17	18	19	20	21	22	23
24	25	26	27	28	29	30
31

JUNE

S	M	T	W	T	F	S
	1	2	3	4	5	6
7	8	9	10	11	12	13
14	15	16	17	18	19	20
21	22	23	24	25	26	27
28	29	30

I   **I**

JULY

S	M	T	W	T	F	S
		1	2	3	4
5	6	7	8	9	10	11
12	13	14	15	16	17	18
19	20	21	22	23	24	25
26	27	28	29	30	31

AUGUST

S	M	T	W	T	F	S
						1
2	3	4	5	6	7	8
9	10	11	12	13	14	15
16	17	18	19	20	21	22
23	24	25	26	27	28	29
30	31

SEPTEMBER

S	M	T	W	T	F	S
		1	2	3	4	5
6	7	8	9	10	11	12
13	14	15	16	17	18	19
20	21	22	23	24	25	26
27	28	29	30

OCTOBER

S	M	T	W	T	F	S
					1	2	3
4	5	6	7	8	9	10
11	12	13	14	15	16	17
18	19	20	21	22	23	24
25	26	27	28	29	30	31

NOVEMBER

S	M	T	W	T	F	S
1	2	3	4	5	6	7
8	9	10	11	12	13	14
15	16	17	18	19	20	21
22	23	24	25	26	27	28
29	30

DECEMBER

S	M	T	W	T	F	S
		1	2	3	4	5
6	7	8	9	10	11	12
13	14	15	16	17	18	19
20	21	22	23	24	25	26
27	28	29	30	31

I

J

JANUARY	FEBRUARY	MARCH
S M T W T F S	S M T W T F S	S M T W T F S
1 2 3	1 2 3 4 5 6 7	1 2 3 4 5 6
4 5 6 7 8 9 10	8 9 10 11 12 13 14	7 8 9 10 11 12 13
11 12 13 14 15 16 17	15 16 17 18 19 20 21	14 15 16 17 18 19 20
18 19 20 21 22 23 24	22 23 24 25 26 27 28	21 22 23 24 25 26 27
25 26 27 28 29 30 31	29	28 29 30 31

APRIL	MAY	JUNE
S M T W T F S	S M T W T F S	S M T W T F S
1 2 3	1	1 2 3 4 5
4 5 6 7 8 9 10	2 3 4 5 6 7 8	6 7 8 9 10 11 12
11 12 13 14 15 16 17	9 10 11 12 13 14 15	13 14 15 16 17 18 19
18 19 20 21 22 23 24	16 17 18 19 20 21 22	20 21 22 23 24 25 26
25 26 27 28 29 30	23 24 25 26 27 28 29	27 28 29 30
	30 31	

J (left) **J** (right)

JULY	AUGUST	SEPTEMBER
S M T W T F S	S M T W T F S	S M T W T F S
1 2 3	1 2 3 4 5 6 7	1 2 3 4
4 5 6 7 8 9 10	8 9 10 11 12 13 14	5 6 7 8 9 10 11
11 12 13 14 15 16 17	15 16 17 18 19 20 21	12 13 14 15 16 17 18
18 19 20 21 22 23 24	22 23 24 25 26 27 28	19 20 21 22 23 24 25
25 26 27 28 29 30 31	29 30 31	26 27 28 29 30

OCTOBER	NOVEMBER	DECEMBER
S M T W T F S	S M T W T F S	S M T W T F S
1 2	1 2 3 4 5 6	1 2 3 4
3 4 5 6 7 8 9	7 8 9 10 11 12 13	5 6 7 8 9 10 11
10 11 12 13 14 15 16	14 15 16 17 18 19 20	12 13 14 15 16 17 18
17 18 19 20 21 22 23	21 22 23 24 25 26 27	19 20 21 22 23 24 25
24 25 26 27 28 29 30	28 29 30	26 27 28 29 30 31
31		

J

K

JANUARY	FEBRUARY	MARCH
S M T W T F S	S M T W T F S	S M T W T F S
1 2	1 2 3 4 5 6	1 2 3 4 5 6
3 4 5 6 7 8 9	7 8 9 10 11 12 13	7 8 9 10 11 12 13
10 11 12 13 14 15 16	14 15 16 17 18 19 20	14 15 16 17 18 19 20
17 18 19 20 21 22 23	21 22 23 24 25 26 27	21 22 23 24 25 26 27
24 25 26 27 28 29 30	28	28 29 30 31
31		

APRIL	MAY	JUNE
S M T W T F S	S M T W T F S	S M T W T F S
1 2 3	1	1 2 3 4 5
4 5 6 7 8 9 10	2 3 4 5 6 7 8	6 7 8 9 10 11 12
11 12 13 14 15 16 17	9 10 11 12 13 14 15	13 14 15 16 17 18 19
18 19 20 21 22 23 24	16 17 18 19 20 21 22	20 21 22 23 24 25 26
25 26 27 28 29 30	23 24 25 26 27 28 29	27 28 29 30
	30 31	

K ... **K**

JULY	AUGUST	SEPTEMBER
S M T W T F S	S M T W T F S	S M T W T F S
1 2 3	1 2 3 4 5 6 7	1 2 3 4
4 5 6 7 8 9 10	8 9 10 11 12 13 14	5 6 7 8 9 10 11
11 12 13 14 15 16 17	15 16 17 18 19 20 21	12 13 14 15 16 17 18
18 19 20 21 22 23 24	22 23 24 25 26 27 28	19 20 21 22 23 24 25
25 26 27 28 29 30 31	29 30 31	26 27 28 29 30

OCTOBER	NOVEMBER	DECEMBER
S M T W T F S	S M T W T F S	S M T W T F S
1 2	1 2 3 4 5 6	1 2 3 4
3 4 5 6 7 8 9	7 8 9 10 11 12 13	5 6 7 8 9 10 11
10 11 12 13 14 15 16	14 15 16 17 18 19 20	12 13 14 15 16 17 18
17 18 19 20 21 22 23	21 22 23 24 25 26 27	19 20 21 22 23 24 25
24 25 26 27 28 29 30	28 29 30	26 27 28 29 30 31
31		

K

L

JANUARY	FEBRUARY	MARCH
S M T W T F S	S M T W T F S	S M T W T F S
1 2	1 2 3 4 5 6	1 2 3 4 5
3 4 5 6 7 8 9	7 8 9 10 11 12 13	6 7 8 9 10 11 12
10 11 12 13 14 15 16	14 15 16 17 18 19 20	13 14 15 16 17 18 19
17 18 19 20 21 22 23	21 22 23 24 25 26 27	20 21 22 23 24 25 26
24 25 26 27 28 29 30	28 29	27 28 29 30 31
31		

APRIL	MAY	JUNE
S M T W T F S	S M T W T F S	S M T W T F S
1 2	1 2 3 4 5 6 7	1 2 3 4
3 4 5 6 7 8 9	8 9 10 11 12 13 14	5 6 7 8 9 10 11
10 11 12 13 14 15 16	15 16 17 18 19 20 21	12 13 14 15 16 17 18
17 18 19 20 21 22 23	22 23 24 25 26 27 28	19 20 21 22 23 24 25
24 25 26 27 28 29 30	29 30 31	26 27 28 29 30

L   **L**

JULY	AUGUST	SEPTEMBER
S M T W T F S	S M T W T F S	S M T W T F S
1 2	1 2 3 4 5 6	1 2 3
3 4 5 6 7 8 9	7 8 9 10 11 12 13	4 5 6 7 8 9 10
10 11 12 13 14 15 16	14 15 16 17 18 19 20	11 12 13 14 15 16 17
17 18 19 20 21 22 23	21 22 23 24 25 26 27	18 19 20 21 22 23 24
24 25 26 27 28 29 30	28 29 30 31	25 26 27 28 29 30
31		

OCTOBER	NOVEMBER	DECEMBER
S M T W T F S	S M T W T F S	S M T W T F S
1	1 2 3 4 5	1 2 3
2 3 4 5 6 7 8	6 7 8 9 10 11 12	4 5 6 7 8 9 10
9 10 11 12 13 14 15	13 14 15 16 17 18 19	11 12 13 14 15 16 17
16 17 18 19 20 21 22	20 21 22 23 24 25 26	18 19 20 21 22 23 24
23 24 25 26 27 28 29	27 28 29 30	25 26 27 28 29 30 31
30 31		

L

M

JANUARY	FEBRUARY	MARCH
S M T W T F S	S M T W T F S	S M T W T F S
1	1 2 3 4 5	1 2 3 4 5
2 3 4 5 6 7 8	6 7 8 9 10 11 12	6 7 8 9 10 11 12
9 10 11 12 13 14 15	13 14 15 16 17 18 19	13 14 15 16 17 18 19
16 17 18 19 20 21 22	20 21 22 23 24 25 26	20 21 22 23 24 25 26
23 24 25 26 27 28 29	27 28	27 28 29 30 31
30 31		

APRIL	MAY	JUNE
S M T W T F S	S M T W T F S	S M T W T F S
1 2	1 2 3 4 5 6 7	1 2 3 4
3 4 5 6 7 8 9	8 9 10 11 12 13 14	5 6 7 8 9 10 11
10 11 12 13 14 15 16	15 16 17 18 19 20 21	12 13 14 15 16 17 18
17 18 19 20 21 22 23	22 23 24 25 26 27 28	19 20 21 22 23 24 25
24 25 26 27 28 29 30	29 30 31	26 27 28 29 30

M   **M**

JULY	AUGUST	SEPTEMBER
S M T W T F S	S M T W T F S	S M T W T F S
1 2	1 2 3 4 5 6	1 2 3
3 4 5 6 7 8 9	7 8 9 10 11 12 13	4 5 6 7 8 9 10
10 11 12 13 14 15 16	14 15 16 17 18 19 20	11 12 13 14 15 16 17
17 18 19 20 21 22 23	21 22 23 24 25 26 27	18 19 20 21 22 23 24
24 25 26 27 28 29 30	28 29 30 31	25 26 27 28 29 30
31		

OCTOBER	NOVEMBER	DECEMBER
S M T W T F S	S M T W T F S	S M T W T F S
1	1 2 3 4 5	1 2 3
2 3 4 5 6 7 8	6 7 8 9 10 11 12	4 5 6 7 8 9 10
9 10 11 12 13 14 15	13 14 15 16 17 18 19	11 12 13 14 15 16 17
16 17 18 19 20 21 22	20 21 22 23 24 25 26	18 19 20 21 22 23 24
23 24 25 26 27 28 29	27 28 29 30	25 26 27 28 29 30 31
30 31		

M

N

JANUARY	FEBRUARY	MARCH
S M T W T F S	S M T W T F S	S M T W T F S
1	1 2 3 4 5	1 2 3 4
2 3 4 5 6 7 8	6 7 8 9 10 11 12	5 6 7 8 9 10 11
9 10 11 12 13 14 15	13 14 15 16 17 18 19	12 13 14 15 16 17 18
16 17 18 19 20 21 22	20 21 22 23 24 25 26	19 20 21 22 23 24 25
23 24 25 26 27 28 29	27 28 29	26 27 28 29 30 31
30 31		

APRIL	MAY	JUNE
S M T W T F S	S M T W T F S	S M T W T F S
1	1 2 3 4 5 6	1 2 3
2 3 4 5 6 7 8	7 8 9 10 11 12 13	4 5 6 7 8 9 10
9 10 11 12 13 14 15	14 15 16 17 18 19 20	11 12 13 14 15 16 17
16 17 18 19 20 21 22	21 22 23 24 25 26 27	18 19 20 21 22 23 24
23 24 25 26 27 28 29	28 29 30 31	25 26 27 28 29 30
30		

N   **N**

JULY	AUGUST	SEPTEMBER
S M T W T F S	S M T W T F S	S M T W T F S
1	1 2 3 4 5	1 2
2 3 4 5 6 7 8	6 7 8 9 10 11 12	3 4 5 6 7 8 9
9 10 11 12 13 14 15	13 14 15 16 17 18 19	10 11 12 13 14 15 16
16 17 18 19 20 21 22	20 21 22 23 24 25 26	17 18 19 20 21 22 23
23 24 25 26 27 28 29	27 28 29 30 31	24 25 26 27 28 29 30
30 31		

OCTOBER	NOVEMBER	DECEMBER
S M T W T F S	S M T W T F S	S M T W T F S
1 2 3 4 5 6 7	1 2 3 4	1 2
8 9 10 11 12 13 14	5 6 7 8 9 10 11	3 4 5 6 7 8 9
15 16 17 18 19 20 21	12 13 14 15 16 17 18	10 11 12 13 14 15 16
22 23 24 25 26 27 28	19 20 21 22 23 24 25	17 18 19 20 21 22 23
29 30 31	26 27 28 29 30	24 25 26 27 28 29 30
		31

N